RÉPUBLIQUE FRANÇAISE

MINISTÈRE DE LA GUERRE

INSTRUCTION DU 20 DÉCEMBRE 1904

POUR L'ADMISSION A

L'ÉCOLE POLYTECHNIQUE

EN 1905

PARIS

Henri **CHARLES-LAVAUZELLE**

Éditeur militaire

10, Rue Danton, Boulevard Saint-Germain, 118

(MÊME MAISON A LIMOGES)

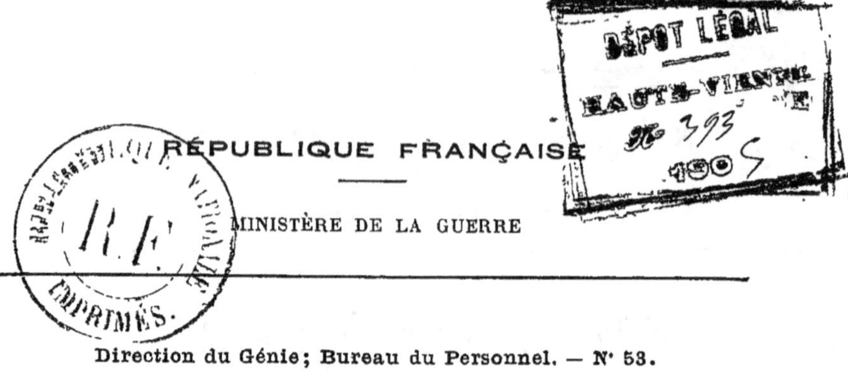

RÉPUBLIQUE FRANÇAISE

MINISTÈRE DE LA GUERRE

Direction du Génie; Bureau du Personnel. — N° 53.

Instruction pour l'admission à l'Ecole polytechnique, en 1905.

Paris, le 20 décembre 1904.

§ 1er. — INSTITUTION DE L'ECOLE.

L'Ecole polytechnique, établie à Paris, est destinée spécialement à recruter des sujets pour les services ci-après, savoir :

L'artillerie métropolitaine, l'artillerie coloniale;
Le génie militaire, le génie maritime ;
La marine nationale, le corps des ingénieurs hydrographes ;
Le commissariat de la marine ;
Le commissariat des colonies ;
Les ponts et chaussées, les mines ;
Les manufactures de l'Etat ;
Le corps des ingénieurs des poudres et salpêtres ;
Les postes et télégraphes.

Elle prépare, en outre, à toutes les carrières qui exigent des connaissances étendues dans les sciences mathématiques, physiques et chimiques.
La durée des études est de deux ans.
Les élèves ne peuvent être admis dans les services publics ci-dessus désignés qu'après avoir satisfait aux examens de sortie, à la fin des deux années d'études.
L'admission dans les services publics des élèves qui ont satisfait à ces examens est, d'ailleurs, subordonnée au nombre des places disponibles au moment de leur sortie de l'Ecole et à leurs aptitudes physiques.
L'Ecole est soumise au régime militaire.
Aux termes de l'article 28 de la loi du 15 juillet 1889 et de l'article 19 du décret du 28 septembre de la même année, les élèves qui sont reconnus aptes au service militaire ne sont définitivement admis à l'Ecole qu'à la condition de contracter, devant le maire de l'un des arrondissements de Paris, un engagement volontaire de trois ans, lequel court du 1er octobre

de l'année de l'entrée : ils ne sont d'ailleurs assujettis à aucune condition d'âge autre que celles exigées pour l'admission à l'Ecole.

Ils sont considérés, pendant le temps qu'ils passent à l'Ecole, comme présents sous les drapeaux dans l'armée active; ils reçoivent l'instruction militaire complète et sont à la disposition du Ministre de la guerre.

Ceux qui ne satisfont pas aux examens de sortie ou sont renvoyés pour inconduite sont incorporés dans un corps de troupe pour y terminer le temps de service qu'il leur reste à faire.

Si, pendant la durée des études, un élève est admis à redoubler une année à l'Ecole, cette année ne compte pas dans la durée de l'engagement.

Les élèves admis dans l'un des services civils, recrutés à l'Ecole ou quittant l'Ecole après avoir satisfait aux examens de sortie sans entrer dans aucun service, sont nommés sous-lieutenants de réserve et accomplissent, en cette qualité, dans un corps de troupe, leur troisième année de service.

Les élèves qui viendraient à quitter le service civil dans lequel ils ont été admis n'en resteront pas moins soumis à cette obligation.

Ceux qui donneront leur démission d'officier de réserve avant l'accomplissement de leur troisième année de service n'en resteront pas moins soumis à toutes les conséquences de l'engagement volontaire de trois ans contracté par eux lors de leur entrée à l'Ecole.

Les candidats qui, sans être reconnus aptes au service militaire, remplissent cependant les conditions nécessaires pour suivre les cours et exercices militaires de l'Ecole, telles qu'elles sont définies par le décret du 1er mars 1890 (1) rendu en conformité des prescriptions du dernier paragraphe de l'article 28 de la loi du 15 juillet 1889, sont admis à l'Ecole sans avoir à contracter un engagement.

Le prix de la pension est de 1000 francs par an et celui du trousseau de 600 francs environ; une somme de 100 francs doit, en outre, être versée pour former le fonds de masse de chaque élève.

Le bordereau du trousseau qui en fixe le prix exact pour l'année courante, ainsi que le détail des autres objets que les élèves devront apporter avec eux, sera envoyé aux familles avec les lettres de nomination.

Des bourses et demi-bourses sont instituées en faveur des élèves dont les parents sont hors d'état de payer la pension et

---

(1) Voir l'annexe 1 à la suite de la présente instruction.

qui remplissent les conditions indiquées ci-après au titre *Concessions de places gratuites.*

De plus, il peut être alloué à chaque boursier ou demi-boursier un trousseau ou demi-trousseau à son entrée à l'Ecole.

§ 2. — CONCOURS.

Nul n'est admis à l'Ecole que par voie de concours.

Le concours est public; il a lieu chaque année à Paris et dans certains centres de province spécialement désignés.

Les épreuves portent uniquement sur les matières du programme des connaissances exigées, arrêté tous les ans par le Ministre; mais toutes ces matières, y compris la langue allemande, sont également obligatoires. Par suite, les candidats dont l'instruction en l'une quelconque des parties du programme serait reconnue insuffisante sont déclarés inadmissibles.

Aucun candidat ne peut se présenter aux épreuves du concours s'il n'est muni du diplôme de bachelier de l'enseignement secondaire moderne ou du certificat de la première épreuve du baccalauréat de l'enseignement secondaire classique, ou du certificat de la première partie du nouveau baccalauréat, sections A, B, C ou D.

Un avantage de 15 points est accordé aux candidats pourvus, soit du certificat de la première partie du baccalauréat de l'enseignement secondaire classique, soit de l'un ou de plusieurs des certificats de la première partie du baccalauréat nouveau de l'enseignement secondaire, sections (A), (B) ou (C) (latin-grec, latin-sciences, ou latin-langues vivantes).

Un avantage complémentaire de 15 points est accordé aux candidats qui sont en possession soit du diplôme de bachelier de l'enseignement secondaire *classique* avec la mention *lettres-philosophie*, soit d'un ou de deux des diplômes nouveaux de bachelier de l'enseignement secondaire avec l'une des mentions : philosophie (A) ou (B).

Les jeunes gens ayant subi les épreuves d'admission à l'Ecole navale qui, dans l'année où ils atteindront la limite d'âge fixée, auront été compris dans les 150 premiers de la liste générale de classement, pourront, à partir de cette époque, se présenter au concours de l'Ecole polytechnique sans avoir à produire de diplôme ou de certificats relatifs aux divers baccalauréats. Les jeunes gens dont il s'agit devront joindre à leur dossier d'inscription une attestation qui leur sera délivrée à cet effet par les soins du Ministre de la marine.

Le concours est divisé en trois épreuves successives : les

compositions dont le détail est donné ci-après; les examens préliminaires ou du premier degré; les examens du second degré.

Compositions. — Les compositions comprennent (1) :

	Durée des compositions.	Cœfficients.
	Heures.	
1° Une composition d'algèbre et de trigonométrie.	4	5
2° Une composition de géométrie analytique et mécanique.	4	8
3° Une épure de géométrie descriptive.	4	3
4° Un calcul.	1	1
5° Une composition de physique.	3	6
6° Une composition de chimie.	2	3
7° Un dessin d'imitation d'après la bosse (ornements, buste, torse, etc.).	3	4
8° Un dessin graphique.	3	3
9° Une composition française.	4	6
10° Une composition de langues vivantes autres que l'allemand (facultative).	1	»

La composition de calcul numérique (4°) pourra porter sur toutes les parties du programme, sans préjudice des applications numériques qui pourront se trouver dans les autres compositions. Les candidats devront apporter, pour faire cette composition, des tables centésimales à 5 décimales.

La composition de dessin graphique (8°) consistera dans le dessin, à une échelle donnée, d'un croquis coté, dont certaines parties pourront être recouvertes de teintes plates de couleur conventionnelle.

Examens du premier degré. — Les examens oraux du premier degré, qui portent sur l'ensemble des connaissances spécifiées dans le programme d'admission, servent, avec les compositions de mathématiques, de physique et chimie et l'épure, dont les notes seront communiquées aux examinateurs, à exclure des examens oraux du second degré les candidats insuffisamment préparés.

Chaque candidat remet au premier examinateur de mathématiques du premier degré qui l'interroge, au moment même de l'examen, les feuilles d'épures, lavis et dessins exécutés par lui pendant l'année scolaire courante, savoir :

1° Huit épures dont une sur les intersections des pyramides, une sur les projections cotées et six sur les intersections de surfaces : deux de ces dernières seront relatives à des ques-

---

(1) Toutes les matières du programme sont exigibles pour les compositions.

tions d'ombres (1). Le candidat peut être interrogé sur les épures présentées;

2° Deux dessins d'imitation et deux dessins graphiques lavés.

Les candidats déclarés admissibles précédemment sont dispensés de subir les examens du 1er degré; ils remettront leur certificat d'admissibilité ancien en même temps que leurs épures et dessins au premier examinateur de mathématiques qui les interrogera au 2e degré.

Examens du second degré. — Les examens oraux du second degré servent, concurremment avec les compositions, à déterminer le classement, par ordre de mérite, des candidats.

Ils portent également sur l'ensemble des connaissances spécifiées dans le programme d'admission et comprennent un examen de langue allemande. Les candidats devront connaître les règles principales de la grammaire, savoir expliquer un texte à livre ouvert et répondre en allemand aux questions adressées aussi en allemand par l'examinateur, qui leur fera faire, en sa présence un thème sans dictionnaire.

Lorsqu'un candidat est en possession des certificats ou diplômes de l'enseignement secondaire indiqués ci-dessus, il présente ces certificats ou diplômes ou une pièce en tenant lieu (2) *à chacun* des examinateurs du second degré; ceux-ci signalent alors le candidat comme ayant droit aux avantages dont il a été parlé plus haut.

Les compositions se feront, au commencement de juin, à Paris et dans les villes ci-après :

Alger, Amiens, Bar-le-Duc, Besançon, Bordeaux, Caen, Clermont, Dijon, Douai, Grenoble, Lille, Lyon, Marseille, Montpellier, Nancy, Nantes, Nice, Nîmes, Orléans, Poitiers, Reims, Rennes, Rouen, Toulouse, Tours, Versailles.

Aucun candidat, pour quelque motif que ce soit, ne sera autorisé à composer à une autre époque que celle qui sera indiquée en temps utile au *Journal officiel*.

Les examens oraux du 1er et du 2e degré auront lieu successivement dans les villes suivantes :

---

(1) Les candidats devront dater et signer tous les dessins, lavis et épures faits par eux et faire attester qu'ils en sont réellement les auteurs par les professeurs sous la direction desquels ils ont effectué ces travaux.

En cas de fraude reconnue, ils seront exclus du concours.

Les candidats qui ont déjà concouru devront présenter de nouvelles épures.

(2) Cette pièce doit émaner du secrétariat de la Faculté où lesdits certificats et diplômes ont été obtenus.

Paris, Nancy, Lyon, Marseille, Toulouse, Bordeaux (1).

Tous les candidats feront connaître, par écrit, au moment de leur inscription, les villes qu'ils choisissent comme centre de compositions et centre d'examens du 1er degré. Ils se rendront dans ces villes aux dates fixées et sans attendre aucun avertissement particulier.

A Paris, les examens oraux du 1er degré commenceront le 24 juin ; ceux du 2e degré, à une date qui sera indiquée en temps utile.

Un avis inséré au *Journal officiel*, et qui sera publié par les préfets, fera connaître les dates précises des examens, dans les divers centres.

Les examinateurs du 1er degré sont au nombre de trois, mais chaque candidat ne sera interrogé que par deux d'entre eux. Pour partager uniformément les charges, les candidats seront répartis par la voie du sort entre les trois groupes différents qu'il est possible de former avec les trois examinateurs pris deux à deux.

L'ordre de passage sera également fixé par la voie du sort.

Un appel des candidats sera fait dans chaque centre d'examens le premier jour des examens du 1er degré (à Paris, le premier jour de chaque série d'examens du 1er degré), à 7 heures du matin, sauf avis contraire donné à l'avance par les examinateurs. Tout candidat qui ne répondra pas ou ne fera pas répondre pour lui à cet appel sera exclu du concours.

Le programme des connaissances exigées pour l'année 1903 est publié à la suite de la présente instruction.

Les coefficients d'influence pour les examens oraux et pour les compositions sont fixés ainsi qu'il suit :

Examens du 2e degré.

Mathématiques... { 1er examinateur. .	....	25
{ 2e examinateur. .	....	25
Physique. .	....	14
Chimie. . .	....	7
Allemand. . . .	....	8
Aptitudes physiques (escrime, 0,5; gymnastique, 1; équitation, 0,5).	....	2

Des cahiers de manipulations seront présentés aux examinateurs, qui pourront, à cette occasion, poser toutes les questions qu'ils jugeront convenables. La note d'examen tiendra

---

(1) Sauf modifications qui pourraient être nécessitées par le nombre des candidats et leur répartition dans les centres d'examens qu'ils auront choisis.

Ces modifications, s'il y a lieu, seront indiquées en temps utile dans un avis inséré au *Journal officiel*.

compte des cahiers et des réponses faites aux questions ainsi posées.

La moitié du coefficient de l'examen d'allemand sera attribuée à une épreuve de conservation sur un sujet usuel et pratique.

Le programme des exercices sur lesquels seront appréciés les candidats dans l'examen d'aptitudes physiques est le même que celui défini à l'instruction du 24 septembre 1904 pour l'admission à l'École spéciale militaire.

Les notes d'appréciation des épreuves varient de 0 à 20.

Tout candidat qui obtient, pour l'une des épreuves, une note inférieure à 5 est de droit déféré au jury et peut être exclu pour insuffisance d'instruction.

En particulier. tout candidat qui ne remettra pas l'une des compositions ou qui remettra pour l'une d'elles une feuille blanche ou ne renfermant que l'énoncé des questions posées, ne sera pas admis à passer les examens oraux.

Les candidats qui connaissent suffisamment une langue vivante *autre que l'allemand* seront admis, s'ils le demandent, à traduire dans cette langue, sans dictionnaire, un texte facile et ensuite à le développer comme ils l'entendront. Cette composition corrigée donnera au candidat un avantage de : *1 point* si elle est cotée 10 1/2, *2 points* pour 11, *3 points* pour 11 1/2. *4 points* pour 12, *5 points* pour 12 1/2..... *20 points* pour 20. Si le candidat compose ainsi en plusieurs langues, les nombres de points obtenus pour chaque composition s'ajouteront.

Tout candidat ayant composé en anglais, et qui aura obtenu pour sa composition écrite la note 13 ou au-dessus, sera admis, s'il le désire, à subir une épreuve de conservation en anglais sur un sujet usuel et pratique et il obtiendra un avantage complémentaire de 1 à 20 points déterminé par la note attribuée à cette épreuve.

Les candidats admis à subir les examens du 2e degré seront appelés devant un jury spécial, qui constatera leurs connaissances en escrime, gymnastique et équitation. Ils ne seront admis à passer les examens du 2e degré que sur la présentation d'un certificat constatant qu'ils ont subi l'examen spécial ci-dessus indiqué.

§ 3. — CONDITIONS D'ADMISSION AU CONCOURS.

Nul ne peut être admis au concours s'il n'a préalablement justifié :

1° Qu'il est Français ou naturalisé Français;

2° Qu'il a 17 ans au moins et 21 ans au plus au 1er janvier de l'année du concours (1).

Aucune dispense d'âge ne séra accordée.

Les candidats devront se faire inscrire *le 1er avril au plus tard à la préfecture du département où ils étudient*. Nulle inscription ne sera admise après cette époque.

Les candidats qui ne se présentent pas devant les examinateurs à leur tour d'inscription sont considérés comme renonçant à prendre part aux épreuves et rayés de la liste.

Les pièces à produire pour l'inscription sont :

1° L'acte de naissance du candidat et celui de son père, revêtus des formalités prescrites par la loi;

2° Une pièce attestant la possession du diplôme de bachelier de l'enseignement secondaire moderne ou du certificat de la première épreuve du baccalauréat de l'enseignement secondaire classique, ou nouveau (A, B, C ou D), ou tout au moins une pièce justifiant de l'inscription comme candidat pour l'obtention d'un de ces diplômes ou certificats à la session d'avril, pièce qui devra être remplacée avant le 10 mai par un autre constatant l'obtention du diplôme ou du certificat; ou enfin l'attestation délivrée par le Ministre de la marine aux jeunes gens ayant concouru pour l'Ecole navale, qui ont été compris dans les 150 premiers de la liste générale de classement pour cette Ecole;

3° Un certificat du commandant du bureau de recrutement de la subdivision de région, constatant :

Que le candidat remplit les conditions d'aptitudes physiques exigées pour l'admission à l'Ecole par le décret du 1er mars 1890 rendu en conformité de l'article 28 de la loi du 15 juillet 1889 ;

Qu'il a été vacciné avec succès ou a eu la petite vérole ;

4° Une désignation par écrit des centres d'examen et de compositions (2) choisis par le candidat ou par sa famille;

5° Une déclaration du père, de la mère ou du tuteur, reconnaissant qu'il est en mesure de payer la pension ou, à défaut de cette déclaration, la remise d'une demande de concession de bourse établie sur papier timbré; la demande de bourse doit préciser si la famille sollicite une bourse avec trousseau ou demi-trousseau, ou une demi-bourse avec trousseau ou demi-trousseau, ou seulement la demi-bourse.

---

(1) Comme conséquence, seront admis à concourir en 1905 les jeunes gens nés :

Depuis et y compris le 1er janver 1884;
Jusques et y compris le 31 décembre 1887.

(2) Ces choix une fois faits, aucun candidat ne sera autorisé à changer de centres que pour des motifs graves, avec pièces à l'appui.

Les pièces fournies par les candidats qui ne seraient point admis à l'Ecole polytechnique leur seront ultérieurement restituées par la préfecture où l'inscription aura été effectuée.

Le préfet enverra au Ministre, le 2 avril, la liste des inscriptions, qui sera arrêtée et close définitivement.

§ 4. — CONCESSION DE PLACES GRATUITES.

Les bourses et demi-bourses, trousseaux et demi-trousseaux sont accordés par le Ministre de la guerre sur la proposition des conseils d'instruction et d'administration de l'Ecole, conformément à la loi du 5 juin 1850.

Les demandes adressées au Ministre de la guerre, établies sur papier timbré, devront être remises au moment de l'inscription, c'est-à-dire le 1ᵉʳ avril au plus tard, au préfet chargé de l'inscription et être accompagnées d'un engagement pris par les parents ou tuteurs des candidats et libellé ainsi qu'il suit :

« Je soussigné (1)   étant en instance pour obtenir une place gratuite à l'Ecole polytechnique en faveur de mon (2)   m'engage à rembourser au Trésor le montant des frais de pension et de trousseau qui me seront accordés, dans le cas où il ne servirait pas au moins pendant dix ans dans celui des services publics, civils ou militaires, auquel il aura droit d'être admis d'après son numéro de classement sur la liste de sortie.

« A défaut de payement du montant de ces frais de pension et de trousseau, je déclare me soumettre à ce que le recouvrement en soit poursuivi par voie de contrainte administrative décernée par M. le Ministre des finances, suivant les droits qui lui sont conférés par les lois des 12 vendémiaire et 18 ventôse an VIII.

« A   , le   190   (3). »

Le préfet enverra le 2 avril, au Ministre, la liste des demandes ; toutefois, mais seulement dans des cas exceptionnels, ce délai du 1ᵉʳ avril sera prorogé jusqu'au 1ᵉʳ juillet, les fa-

---

(1) Nom, prénoms et qualité.
(2) Fils, beau-fils, neveu, pupille, etc.
(3) Nota. — Cette pièce devra être établie sur papier timbré, et la signature du pétitionnaire sera légalisée par le maire. Elle sera jointe à la demande de *bourse* et non au dossier de l'inscription du candidat.

milles ayant, du reste, à justifier des circonstancès qui ont motivé le retard.

Toute demande produite après cette dernière date, de quelque manière qu'elle se présente et quelles que soient les causes du retard, sera irrévocablement écartée.

Dans le courant de mai, le préfet soumettra au conseil municipal chaque demande appuyée de renseignements détaillés sur les moyens d'existence, le nombre d'enfants et les autres charges des parents, ainsi que d'un relevé du rôle des contributions ; il provoquera une délibération du conseil à ce sujet ; il y joindra ses observations et son avis, quand bien même la délibération serait défavorable.

Le travail du préfet, avec chaque dossier ainsi complété, devra être envoyé au Ministre de la guerre avant le 30 juin.

§ 5. — CONDITIONS EXIGEES POUR L'ADMISSION A L'ECOLE.

Tout candidat admis qui renonce au bénéfice de son admission doit adresser au Ministre, dans le plus bref délai, sa démission accompagnée, s'il n'est pas majeur, du consentement de son père ou de son tuteur.

Tout candidat nommé élève qui ne se sera pas présenté au commandant de l'Ecole dans le délai fixé par sa lettre de nomination sera considéré comme démissionnaire.

Dès son arrivée à l'Ecole, chaque élève sera soumis à une visite médicale dans l'établissement.

Les élèves qui seront reconnus aptes au service militaire recevront du général commandant l'Ecole un certificat constatant cette aptitude. Ils devront contracter, avant d'être reçus définitivement, un engagement de trois ans devant le maire de l'un des arrondissements de Paris. A cet effet ils présenteront : 1° leur lettre d'admission ; 2° le certificat d'aptitude au service militaire ; 3° un extrait de leur casier judiciaire qu'ils auront dû demander au commandant d'un bureau de recrutement dès la réception de leur lettre d'admission en spécifiant que cette pièce est destinée à être mise à l'appui de l'acte d'engagement qu'ils doivent contracter à leur entrée à l'Ecole polytechnique. Cette demande doit contenir très exactement les nom, prénoms, date et lieu de naissance de l'élève ainsi que sa résidence actuelle et les noms et prénoms de ses père et mère.

Les élèves qui, au moment de l'admission, ne seront pas reconnus aptes au service militaire, ne seront admis à l'Ecole qu'autant qu'ils rempliront les conditions fixées par le décret du 1ᵉʳ mars 1890 rendu en conformité de l'article 28 de la loi du 15 juillet 1889.

A leur sortie de l'Ecole, on les visitera de nouveau, afin de constater si le vice de conformation ou l'infirmité qui les rendait impropres au service a persisté ou disparu, et si, par suite, il est possible de les classer dans un service militaire.

Nul ne peut d'ailleurs être reçu à l'Ecole s'il ne produit un récépissé soit du receveur central de la Seine, soit d'un trésorier-payeur général ou d'un receveur particulier, constatant qu'il a payé le prix du trousseau ou du demi-trousseau, suivant le cas. Il doit, en outre, remettre au général commandant l'Ecole une déclaration établie sur papier timbré et légalisée du père, de la mère ou du tuteur s'engageant à payer la pension ou la demi-pension si l'élève a obtenu une demi-bourse. Cette déclaration doit être libellée de la manière suivante :

Je soussigné, m'engage à verser dans une caisse du trésor public, par trimestre et d'avance, le montant de la pension (ou demi-pension) *de* (nom et prénoms du candidat).

A défaut de payement, je déclare me soumettre à ce que le recouvrement en soit poursuivi par voie de contrainte administrative décernée par M. le Ministre des finances, suivant les droits conférés par les lois des 12 vendémiaire et 18 ventôse an VIII.

A   , le   190 .

(Signature.)

(Légalisation.)

Cette promesse, qui doit être légalisée par le maire ou par le sous-préfet, est faite par l'élève lui-même s'il est majeur ou s'il jouit de ses biens.

Il est donc essentiel que, dans la prévision de leur admission à l'Ecole, les candidats se mettent en mesure de payer la valeur du trousseau dès qu'ils auront reçu leur lettre de nomination, et qu'ils se munissent du récépissé constatant ce versement.

Quant à la somme de 100 francs formant le fonds de masse individuelle, elle doit être versée directement à la caisse de l'Ecole le jour même de l'entrée de l'élève.

Les élèves dont les père, mère ou tuteur ne résident pas à

proximité de Paris doivent, en outre, avoir un correspondant dûment accrédité auprès du général commandant l'Ecole.

Paris, le 20 décembre 1904.

Le Ministre de la guerre,
MAURICE BERTEAUX.

PROGRAMME

des connaissances exigées pour l'admission à l'Ecole polytechnique.

Par décision du Ministre de la guerre, ce programme (mathématiques, physique et chimie) est, pour 1905, celui de la classe de mathématiques spéciales des lycées inséré au numéro du 27 juillet 1904 du *Journal officiel.*

ANNEXE I.

Extraits du décret du 1ᵉʳ mars 1890, déterminant les conditions d'aptitude physique à exiger des candidats reçus aux Ecoles polytechnique, forestière et centrale.

Art. 1ᵉʳ. Peuvent seuls être admis à l'Ecole polytechnique, sans contracter l'engagement spécifié à l'article 28 de la loi du 15 juillet 1889, les jeunes gens reçus à cette Ecole et qui, au moment de l'entrée, n'auraient pas été reconnus aptes au service militaire pour l'un des motifs ci-après :

1° Défaut de taille;

2° Faiblesse de constitution, lorsque celle-ci paraît susceptible de s'améliorer avec le temps;

3° Vices de conformation et infirmités compatibles avec le service auxiliaire.

L'aptitude physique de ces jeunes gens est constatée par une commission composée : 1° du général commandant l'Ecole polytechnique ; 2° d'un membre du conseil de perfectionnement représentant l'un des services civils se recrutant à l'Ecole et désigné annuellement par le Ministre de la guerre; 3° du médecin-chef de l'École.

Cette commission doit s'assurer que les vices de conformation et les infirmités dont ces jeunes gens sont atteints ne font pas obstacle au port de l'uniforme, qu'ils ne sont pas de nature à les mettre hors d'état de suivre les cours et les exercices militaires de l'Ecole, non plus qu'à les rendre impropres à un service public.

Les décisions de la commission sont prises à la majorité des voix et sont sans appel.

. . . .

Art. 4. Tout élève non engagé des Ecoles ci-dessus visées, qui est devenu apte au service militaire, peut souscrire, pendant son séjour à l'Ecole, soit avant sa comparution devant le conseil de revision, soit au moment de cette comparution, un engagement de trois ans pour les deux premières écoles, de quatre ans pour l'Ecole centrale, remontant au 1ᵉʳ octobre de l'année de son entrée à l'Ecole. Il sera soumis aux mêmes obligations que les élèves de sa promotion engagés au moment de leur admission.

Art. 5. Tout élève non engagé desdites Ecoles, appelé après sa sortie devant le conseil de revision et reconnu apte au service militaire, ne sera tenu d'accomplir qu'une seule année de service effectif dans les conditions auxquelles il aurait été soumis, s'il s'était engagé au moment de son admission à l'Ecole, pourvu toutefois qu'il ait satisfait aux examens de sortie de l'Ecole à laquelle il a appartenu.

Paris et Limoges. — Imprimerie militaire Henri CHARLES-LAVAUZELLE.

www.ingramcontent.com/pod-product-compliance
Lightning Source LLC
LaVergne TN
LVHW010103060726
842524LV00006B/2289